国家智库报告 2016（25）
National Think Tank
法治指数与法治国情

政府信息公开工作年度报告发布情况评估报告（2016）

中国社会科学院法学研究所 国家法治指数研究中心 法治指数创新工程项目组 著

PUBLICATION OF ANNUAL REPORTS ON GOVERNMENT INFORMATION DISCLOSURE WORK IN CHINA: AN ASSESSMENT REPORT (2016)

中国社会科学出版社

图书在版编目(CIP)数据

政府信息公开工作年度报告发布情况评估报告.2016／中国社会科学院法学研究所国家法治指数研究中心，中国社会科学院法学研究所法治指数创新工程项目组著.—北京：中国社会科学出版社，2016.7

(国家智库报告)

ISBN 978-7-5161-8507-0

Ⅰ.①政… Ⅱ.①中…②中… Ⅲ.①国家行政机关—信息管理—研究报告—中国—2016 Ⅳ.①D630.1

中国版本图书馆CIP数据核字(2016)第152461号

出 版 人 赵剑英
责任编辑 王 茵
特约编辑 马 明
责任校对 王佳玉
责任印制 李寡寡

出 版 中国社会科学出版社
社 址 北京鼓楼西大街甲158号
邮 编 100720
网 址 http://www.csspw.cn
发 行 部 010-84083685
门 市 部 010-84029450
经 销 新华书店及其他书店

印刷装订 北京君升印刷有限公司
版 次 2016年7月第1版
印 次 2016年7月第1次印刷

开 本 787×1092 1/16
印 张 6.25
插 页 2
字 数 65千字
定 价 28.00元

项目组负责人：

田　禾　中国社会科学院法学研究所研究员、
　　　　国家法治指数研究中心主任

项目组成员：

吕艳滨　王小梅　栗燕杰　徐　斌　刘雁鹏

赵千羚　刘　迪　曹雅楠　马小芳　周　震

庞　悦　阮雨晴

执笔人：

田　禾　中国社会科学院法学研究所研究员、国家法治指数研究中心主任

吕艳滨　中国社会科学院法学研究所研究员、国家法治指数研究中心副主任

曹雅楠　中国社会科学院法学研究所国家法治指数研究中心研究助理

马小芳　中国社会科学院法学研究所国家法治指数研究中心研究助理

技术支持：

北京蓝太平洋科技股份有限公司

摘要：根据《政府信息公开条例》，行政机关应当在每年3月31日前发布本机关上一年的政府信息公开工作年度报告。政府信息公开工作年度报告是对本机关上一年政府信息公开工作的总结分析，对社会发布，一则有助于向社会展示自身公开工作情况，二则有助于为社会评议政府信息公开工作提供素材和依据。通过对2016年国务院部门和地方政府发布年度报告的情况进行比对和分析，可以发现，行政机关普遍可以做到按时发布年度报告，有的地方和部门能够做到集中展示年度报告，有的行政机关发布的年度报告内容详细充实。但也还有不少行政机关发布的年度报告存在一定问题，有的行政机关的年度报告展示的事项公开不细，如依申请公开的详细数据说明不到位，有的年度报告内容与往年或者其他部门年度报告有雷同，还有的年度报告数据不准确，等等。随着政务公开工作的推进，政府信息公开年度报告的发布应当更加规范化和精确化，因此，做好年度报告的发布首先要做好日常统计分析，细化年度报告内容，详细展示自身政府信息公开成效与问题，并善于用信息化手段做到便于查询获取。

关键词：政府信息公开　透明政府　年度报告

Abstract: According to the Regulation on the Disclosure of Government Information, administrative organs at various levels shall disclose their respective annual reports on government information disclosure work before March 31st of every year. A report on government information disclosure work is the summarization and analysis by a government organ of its own government information disclosure work in the pervious year. The publication of such reports serves two purposes: firstly, to enable government organs to demonstrate their information disclosure work to the public, secondly, to provide materials and basis for the social appraisal of government information disclosure work. Through the comparative analysis of annual reports on government information disclosure work published by various administrative organs under the State Council and local governments at various levels in 2016, it is shown that, generally speaking, administrative organs in China are able to publish on time their annual reports on government information disclosure work. Some administration organs have even realized the concentrated display of annual reports, and some administration organs publish annual reports with detailed and substantial contents. However, there are still some problems in the annual reports of many administrative organs. For examples, some reports lack detailed information about the disclosed items or detailed explanation of the data disclosed upon application; some have contents identical to those of the previous year or those published by other administrative organs in the same year; and some contain inaccurate data. With the progress of the openness of government affairs, the publication of annual report on government information disclosure work should become more standardized and elaborate. To do so, government organs must pay more attention to their routine statistical and analytical work, further enrich the content of their reports so as to include detailed information about the achievements and existing problems in their information disclosure work, and make better use of information technology to render government information more accessible and easier to use by the public.

Key Words: Disclosure of Government Information; Transparent Government; Annual Report

目 录

政府信息公开工作年度报告（以下简称“年度报告”）是行政机关对本机关上一年度政府信息公开工作的总结，是考察和评价其政府信息公开工作成效最重要的信息来源和依据。《中华人民共和国政府信息公开条例》（以下简称《政府信息公开条例》）要求行政机关每年不仅要总结分析上一年公开政府信息的情况，还需要向社会公开该总结报告。

发布年度报告的做法最早兴起于企业，年度报告是企业向股东及其他利益群体说明企业年度经营活动和财务状况的重要形式，上市公司的年度报告还要向社会公开。以前，行政机关每年都会做年终总结，但一般不向社会公开。《政府信息公开条例》制定时吸纳域外经验，做了创新性规定，要求行政机关每年不仅要总结分析上一年公开政府信息的情况，还需要向社会公开该总结报告。[①] 编制年度

① 参见周汉华主编《政府信息公开条例专家建议稿——草案·说明·理由·立法例》，中国法制出版社 2003 年版，第 156—159 页。

报告，一方面是要求行政机关对上一年度的政府信息公开工作取得的成效和面临的问题作出全面深入的分析，查找问题，寻找完善路径；另一方面，则是要求其开诚布公地向社会作出说明，自己做得好不好要让公众来评点，让公众来监督，不仅让公众通过从行政机关获取信息而在满足自身信息需求方面有获得感，更要让其对政府信息公开工作有参与感，群策群力，共同推进政府信息公开工作。

为评估国务院部门及各省级政府对政府信息公开工作的落实情况，中国社会科学院法学研究所国家法治指数研究中心、法治指数创新工程项目组（以下称“项目组”）自 2009 年以来，持续对年度报告的发布情况进行评估，①

① 参见《中国地方政府透明度年度报告（2009）》，载《法治蓝皮书（2010）中国法治发展报告 No. 8》，社会科学文献出版社 2010 年版；《中国政府透明度年度报告（2010）》，载《法治蓝皮书（2011）中国法治发展报告 No. 9》，社会科学文献出版社 2011 年版；《中国政府透明度年度报告（2011）》，载《法治蓝皮书（2012）中国法治发展报告 No. 10》，社会科学文献出版社 2012 年版；《中国政府透明度年度报告（2012）》，载《法治蓝皮书（2013）中国法治发展报告 No. 11》，社会科学文献出版社 2013 年版；《中国政府透明度年度报告（2013）》，载《法治蓝皮书（2014）中国法治发展报告 No. 12》，社会科学文献出版社 2014 年版；《中国政府透明度年度报告（2014）》，载《法治蓝皮书（2015）中国法治发展报告 No. 13》，社会科学文献出版社 2015 年版；《中国政府透明度年度报告（2015）》，载《法治蓝皮书（2016）中国法治发展报告 No. 14》，社会科学文献出版社 2016 年版；《中国政府信息公开第三方评估报告（2014）》，中国社会科学出版社 2015 年版；《中国政府信息公开第三方评估报告（2015）》，中国社会科学出版社 2016 年版。

本次评估涉及部分行政机关于2016年3月31日前公开其2015年政府信息公开工作年度报告的情况。本报告对此次评估结果进行分析。

一　评估对象及指标设计

（一）评估对象

本次评估的对象为55家对外拥有行政管理职权的国务院部门（见附件一）及31家省级政府，共含86家行政机关的87个网站（国家新闻出版广电总局运行两个网站，分别发布新闻出版方面和广播影视方面的政府信息公开工作年度报告）。评估中，项目组还对部分地方的政府组成部门及地市级政府的年度报告发布情况做了分析。下载各行政机关年度报告的时间截至2016年4月1日。

（二）评估内容

按照《政府信息公开条例》的要求，各级行政机关应当在每年3月31日前公布本行政机关的政府信息公开工作年度报告，且政府信息公开工作年度报告应当包括下列内容：行政机关主动公开政府信息的情况；行政机关依申请公开政府信息和不予公开政府信息的情况；政府信息公开的收费及减免情况；因政府信息公开申请行政复议、提起行政诉讼的情况；政府信息公开工作存在的主要问题及改进情况；其他需要报告的事项。

基于此，本次评估的内容包括：“年度报告发布情况”“年度报告新颖性”“年度报告内容”三项一级指标。

（1）“年度报告发布情况”包含“2015年年度报告发布情况”和“是否发布了2008—2014年年度报告”两项二级指标。其中，“2015年年度报告发布情况”包含“是否设置年度报告集中发布平台”“2015年年度报告是否发布”“2015年年度报告发布时间”“年度报告是否可复制或下载”四项三级指标。

（2）“年度报告新颖性”包含“形式新颖性”和“内容新颖性”两项二级指标。其中，“形式新颖性”包括“是否采取图文并茂的方式进行说明”和“是否有独立于年度报告正文的图解说明”两项三级指标。“内容新颖性”则重点评价年度报告内容是否与往年或其他机关的报告相雷同的情况。

（3）“年度报告内容”包含“主动公开信息情况”“依申请公开信息情况”“因政府信息公开被复议被诉情况”“是否说明2015年信息公开工作中存在的问题及改进措施”四项二级指标。其中，“主动公开信息情况”

包括“是否说明重点领域信息公开落实情况”“是否详细说明不同渠道主动公开信息的情况”“是否说明全国人大代表建议和全国政协委员提案办理公开情况”三项三级指标；“依申请公开信息情况”包括“是否说明2015年政府信息公开申请量”“是否对2015年政府信息公开数量居前的事项作说明”“是否说明2015年政府信息公开答复情况”“是否说明依申请公开收费情况”四项三级指标。

省级政府和国务院部门在一级指标和二级指标设计方面完全相同，三级指标方面省级政府比国务院部门多一项，即“是否对2015年政府信息公开数量居前的部门作说明”。

（三）评估方法

评估采取观察年度报告发布形式与发布时间、分析年度报告内容及披露的数据等方式。为了考察评估对象年度报告内容是否与本机关往年年度报告或者其他机关的年度报告重复，项目组还对年度报告内容进行了技术检测。技术检测重点对各评估对象历年年度报告的概述、存在问题、未来改进措施部分进行了重复率扫描。

项目组于 2016 年 4 月 1 日前完成了对所有评估对象年度报告发布情况的数据收集工作，本报告对年度报告发布时间的评估截至 2016 年 3 月 31 日 24 时，年度报告发布形式、报告内容的评估依据 2016 年 4 月 1 日前各评估对象发布的年度报告，之后各评估对象在发布形式、发布内容上有改动的，本报告不予关注和统计。

二　评估的总体结果

本年度评估发现，各评估对象在以年度报告方式总结分析本机关上一年度政府信息公开工作情况方面已有了较为成熟的经验，普遍按时发布政府信息公开工作年度报告，且年度报告的编制质量明显提升。

经过反复核查，仅 1 家国务院部门未能按时将本机关上一年度政府信息公开工作年度报告发布在本机关门户网站上。对于年度报告需要向外披露的信息、数据，绝大多数评估对象都可以作出说明，但本机关政府信息公开机构建设、人员配备、经费投入、不公开决定的详细分类等信息的披露情况不理想，且多数年度报告并未做到配发图解、以生动的方式解读年度报告。

（一）国务院部门年度报告评估结果分析

从 55 家国务院部门 56 份年度报告的发布情况看，年度报告可复制或者可下载情况、主动公开信息情况的说明、依申请公开收费情况均披露较好，但人员投入情况、经费投入情况普遍披露不佳，且极少能为年度报告配发独立于年度报告正文的图文解读信息（见图1）。

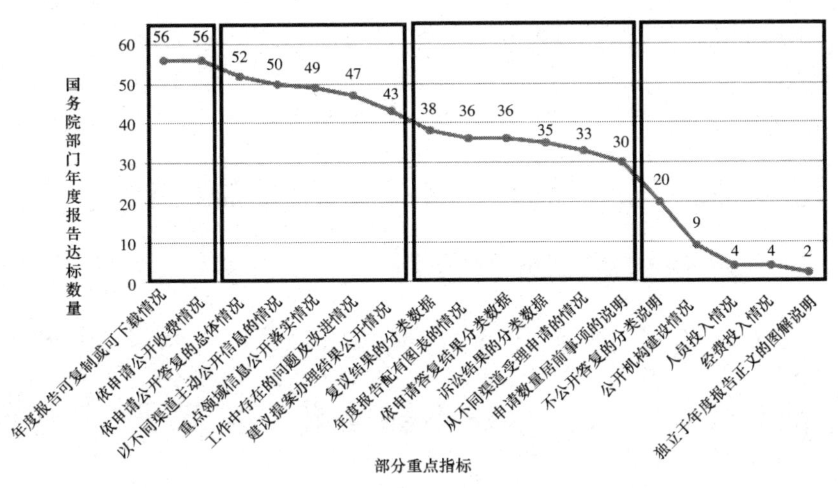

图1　国务院部门在部分评估事项中的达标情况（份）

55家国务院部门的56份年度报告在18项评估指标的达标情况可以分为四个梯队。

第一梯队为全部达标的梯队。56份国务院部门年度报告在“年度报告可复制或可下载情况”“依申请公开收费情况”两方面全部达标。

第二梯队为达标情况较好的梯队。52份国务院部门年度报告披露了本机关上一年度“依申请公开答复的总体情况”方面的数据；50份国务院部门年度报告披露了本机关上一年度“以不同渠道主动公开信息的情况”；

49 份国务院部门年度报告披露了本机关上一年度“重点领域信息公开落实情况”方面的数据；47 份国务院部门年度报告阐释了本机关“工作中存在的问题及改进情况”；43 份国务院部门年度报告披露了本机关上一年度“建议提案办理结果公开情况”方面的信息。[①] 总体来讲，这几项指标的完成度较好。

但也还存在以下几个方面的问题。一是依申请公开答复的总体情况公开得还不够理想。本部门一年中答复了多少申请、答复结果的分类数据（如决定公开数量、不公开数量等）等应属于依申请公开情况的基础数据，也是年度报告必须要包含的内容，但部分年度报告中并没有体现出此内容。二是在内容方面还存在照搬往年年度报告的情况。评估发现多家国务院部门在年度报告概况部分及问题与改进措施部分与该机关往年年度报告相比，存在重复率高、内容雷同的情况。三是部分年度报

① 依据《国务院办公厅关于做好全国人大代表建议和全国政协委员提案办理结果公开工作的通知》（国办发〔2014〕46 号），从 2015 年开始，各地区、各部门对于涉及公共利益、公众权益、社会关切及需要社会广泛知晓的建议和提案办理复文，应当采用摘要公开的形式，公开办理复文的主要内容，适当公开本单位办理建议和提案总体情况、全国人大代表和全国政协委员意见建议吸收采纳情况、有关工作动态等内容。

告的内容要素缺失。如国务院办公厅发布的《2015年政府信息公开工作要点》着重要求公开的重点领域信息，尚有7份年度报告没有对此作出详细说明。又如《国务院办公厅关于做好全国人大代表建议和全国政协委员提案办理结果公开工作的通知》（国办发〔2014〕46号）要求在政府信息公开工作年度报告中说明上一年建议和提案办理结果公开情况，但是仍旧有13份年度报告中没有此项内容。四是部分年度报告未对行政机关通过不同渠道主动公开信息的情况（利用了哪些平台、发布了多少信息等）作出详细的描述。五是对工作中存在的问题和改进的措施写得较为空泛，有些部门仅仅用一句话带过，缺乏深入分析。

第三梯队为达标情况一般的梯队。38份国务院部门年度报告对本机关上一年度因政府信息公开申请行政复议的处理结果披露了详细的分类数据（如决定被维持、决定被撤销等）；36份国务院部门年度报告配有表格、图表，能够以图文并茂的方式展示政府信息公开工作，对有关内容的描述较为直观；36份国务院部门年度报告披露了本机关上一年度依申请答复结果的分类数据；35份国务院部门年度报告披露了因政府信息公开被诉的结果分类数据；33份国务院部门年度报告披露了本机关上一年度不同渠道收到信息公开申请的数据；30份国务院部门年度报告对本机关上一年度申请数量居前事项作出了说明。

总体来看，第三梯队所涉指标的完成度不是非常理想。一是仍有不少行政机关未能做到以图文并茂的方式编写年度报告。对年度报告作出此项要求的主要目的不仅仅是提高年度报告的通俗性与可读性，更是为了推动年度报告撰写更加注重有理有据，以提升其内容质量。但是，仍有20份国务院部门年度报告没有做到图文并茂，仅是纯文字版本，占比达35.71%。二是有20份国务院部门年度报告没有对依申请公开答复结果的分类数据进行描述，即未能按照决定公开的数量、不公开的数量及部分公开的数量对答复结果作分类说明，占比为35.71%。23份国务院部门年度报告未对不同渠道受理政府信息公开申请的数量作出说明和描述，占比为41.07%。三是26份国务院部门年度报告没有对申请居前的事项作出说明，占比为46.43%。四是18份国务院部门年度报告未对因政府信息公开申请行政复议的结果作出分类详细说明，21份国务院部门年度报告未对因政府信息公开提起行政诉讼的结果作出分类说明，占比分别为32.14%和37.50%。

第四梯队为达标情况不理想的梯队。仅有20份国务院部门年度报告对本机关上一年度作出的不公开答复进行了分类说明；仅有9份国务院部门年度报告对本机关上一年度信息公开机构建设情况作出了描述；仅有4份国务院部门年度报告在附表中列明本机关上一年度政府信息公开工作人员和经费投入信息；仅有海关总署和国家安全生产监督管理总局这两家国务院部门年度报告配有独立于年度报告正文的图解说明，即在年度报告之外，配发图解，对年度报告内容作了进一步通俗易懂的展示。

（二）省级政府的年度报告评估结果分析

31家省级政府的年度报告在上述18项指标的达标情况方面，可以分为四个梯队（见图2）。各省级政府的政府信息公开工作年度报告普遍对重点领域政府信息公开落实情况、通过各渠道主动公开信息的情况作了描述。但多数年度报告未对自身机构建设情况作出说明，未列明申请量较为集中的部门，未配备独立于年度报告的图解。

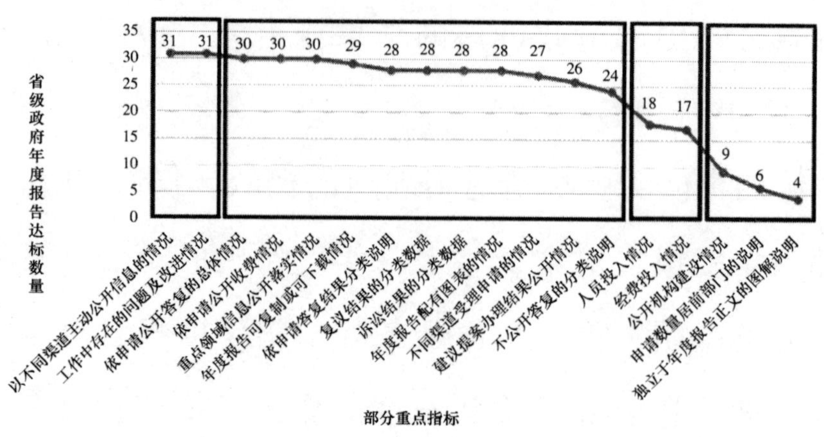

图 2　省级政府在部分评估事项中的达标情况（份）

第一梯队为全部达标的梯队。31 家省级政府均在其年度报告中披露了“以不同渠道主动公开信息的情况”，即列明通过哪种渠道发布了多少信息，并对“工作中存在的问题及改进情况”进行了详细说明。

第二梯队为达标情况较好的梯队。有 30 家省级政府年度报告对上一年度全省“依申请公开答复的总体情况”“依申请公开收费情况”作了描述，且对“重点领域信息公开落实情况”作了详细描述。29 家省级政府的年度报告可以复制或下载，确保了所发布的年度报告可供公众有效获取。28 家省级政府的年度报告注重使用图表直观展示报告内容并对上一年度全省作出依申请答复的结果作了分类说明。28 家省级政府的年度报告对上一年度全省因政府信息公开被复议和被诉的结果作了分类说明。27 家省级政府的年度报告就公众提出申请的方式作了分类说明。26 家省级政府的年度报告对公开建议提案办理情况作了说明。24 家省级政府的年度报告对不公开答复作了分类说明。

第三梯队是达标情况一般的梯队。18 家省级政府的年度报告对上一年度本省政府信息公开人员投入情况作了说明；17 家省级政府的年度报告对上一年度本省在政府信息公开方面的经费投入情况作了说明。

第四梯队是达标情况不理想的梯队。仅有 9 家省级政府的年度报告对上一年度政府信息公开机构建设情况作了说明；6 家省级政府的年度报告对上一年度收到的政府信息公开申请数量居前位部门的情况作了说明；4 家省级政府的年度报告配有独立的图解说明。

（三）国务院部门与省级政府的年度报告对比分析

从国务院部门和省级政府发布政府信息公开工作年度报告情况对比来看，省级政府各方面表现均更好（见表 1）。

表 1　国务院部门和省级政府的政府信息公开工作年度报告部分重点指标对比情况

<table>
<tr><th colspan="3">部分评估指标</th><th colspan="2">省级政府</th><th colspan="2">国务院部门</th></tr>
<tr><td rowspan="11">数据统计</td><td colspan="2"></td><td>未达标数量</td><td>未达标比率（%）</td><td>未达标数量</td><td>未达标比率（%）</td></tr>
<tr><td rowspan="5">主动及依申请公开信息</td><td>以不同渠道主动公开信息的情况</td><td>0</td><td>0</td><td>6</td><td>10.71</td></tr>
<tr><td>依申请公开答复的总体情况</td><td>1</td><td>3.23</td><td>4</td><td>7.14</td></tr>
<tr><td>不同渠道受理申请的情况</td><td>4</td><td>12.90</td><td>23</td><td>41.07</td></tr>
<tr><td>依申请答复结果分类数据说明</td><td>3</td><td>9.68</td><td>20</td><td>35.71</td></tr>
<tr><td>不公开答复的分类说明</td><td>7</td><td>22.58</td><td>36</td><td>64.29</td></tr>
<tr><td rowspan="2">复议诉讼情况</td><td>因政府信息公开提起行政诉讼的结果分类数据</td><td>3</td><td>9.68</td><td>21</td><td>37.50</td></tr>
<tr><td>因政府信息公开申请行政复议的结果分类数据</td><td>3</td><td>9.68</td><td>18</td><td>32.14</td></tr>
<tr><td rowspan="3">信息公开建设情况</td><td>人员投入情况</td><td>13</td><td>41.94</td><td>52</td><td>92.86</td></tr>
<tr><td>经费投入情况</td><td>14</td><td>45.16</td><td>52</td><td>92.86</td></tr>
<tr><td>机构建设情况</td><td>22</td><td>70.97</td><td>47</td><td>83.93</td></tr>
</table>

续表

部分评估指标			省级政府		国务院部门	
内容要素	内容全面性	重点领域信息公开落实情况	1	3.23	7	12.50
		建议提案办理结果公开情况	5	16.13	13	23.21
		工作中存在的问题及改进情况	0	0	9	16.07
形式要素	形式新颖性	报告配发图表的情况	3	9.68	20	35.71

其中，所有省级政府均对通过不同渠道主动公开信息的情况进行了描述，并且，对上一年政府信息公开工作中出现的问题进行了梳理，对下一年度政府信息公开工作的安排作了描述，其中很多评估对象的年度报告对这一部分描述非常详细。在“建议提案办理结果公开情况”以及“重点领域信息公开落实情况”两项指标中，省级政府整体情况同样优于国务院部门。《2015 年政府信息公开工作要点》对重点领域信息公开工作提出了明确要求，《国务院办公厅关于做好全国人大代表建议和全国政协委员提案办理结果公开工作的通知》（国办发

〔2014〕46 号）还对公开建议提案办理结果提出了要求。但是评估发现，国务院部门中仍然有将近三成的部门年度报告中没有体现出或者没有明确体现出上述内容。

《国务院办公厅关于加强和规范政府信息公开情况统计报送工作的通知》（国办发〔2014〕32 号）（见附件三）对加强政府信息公开工作的统计提出明确要求，要求政府信息公开统计数据采用 Excel 格式报送，并在通知后附有样表，内容涵盖了项目组所有的评估事项。特别是该通知还要求，各省（自治区、直辖市）人民政府、国务院各部门要高度重视政府信息公开统计工作，将其作为编制政府信息公开工作年度报告、总结和推进政府信息公开工作的重要内容。但是评估发现，年度报告中附有该表格的并不是很多，对于政府信息公开工作的各项内容还有很多评估对象不能做到用数据进行详细描述。将近一半的国务院部门没有在年度报告中发布相关的分类数据统计。如在“从不同渠道受理申请的情况”方面，不少评估对象没有说明通过不同渠道受理政府信息公开申请的数量，如当事人当面申请几件、通过网络方式或者信件方式申请了几件等；在“依申请答复结果分类数据说明”方面，有的未能说明在所有申请中，公开了多少件，部分公开了多少件，不公开多少件；在“不公开答复的分类说明”方面，有的未对不公开的理由以及数量作出描述，如多少件是因为涉及国家秘密不予公开，多少件是因为非本机关掌握不予公开等。

而对政府信息公开机构建设情况、人员投入情况、经费投入情况的描述则普遍不理想。国务院部门方面，仅7.14%的国务院部门在年度报告中对政府信息公开人员和经费投入情况进行了说明。16.07%的国务院部门年度报告对政府信息公开机构建设情况进行描述，在47家未达标的国务院部门年度报告中，有3份虽然有政府信息公开机构建设方面的信息，但是描述不明确，其余44份年度报告中则完全没有相关信息。省级政府方面，58.06%的省级政府年度报告对政府信息公开人员投入情况进行了说明。54.84%的省级政府年度报告对经费投入情况进行了说明。29.03%的省级政府年度报告对政府信息公开机构建设情况进行了说明。在22家未达标的省级政府年度报告中，有的年度报告虽然有政府信息公开机构建设方面的信息，但是描述不明确，其中有的仅在年度报告的附表中标明机构数量，而无其他较为详细的描述，如上海市、江苏省、天津市、黑龙江省、甘肃省等；还有的年度报告则完全没有相关信息，如重庆市、河北省、云南省、广东省、海南省、新疆维吾尔自治区等。

形式方面，国务院办公厅多次发文要求年度报告内容应当图文并茂，增强可读性。省级政府在这一方面做得较好，绝大部分年度报告不仅图文并茂，而且评估中还出现了多种创新的年度报告展示方式，令人眼前一亮。国务院部门中，则有20份年度报告是纯文字版本。

三　评估中发现的亮点

回顾自2008年《政府信息公开条例》实施以来年度报告发布的情况，可以看到各地区各部门年度报告发布越来越规范、报告内容越来越翔实，这是进一步深化政府信息公开工作的重要体现，为做好政府信息公开第三方评估和政府信息公开社会评议奠定了基础。

从2016年的评估结果看，总体上，大部分国务院部门及省级政府的政府信息公开工作年度报告都能做到按时发布；有专门的公开栏目；大多数年度报告要素齐全，内容翔实，图文并茂。部分省级政府更是能做到切实落实《2015年政府信息公开工作要点》要求，对重点领域、热点解读、回应关切等方面做了较为详细的阐述，并能积极主动创新年度报告的发布机制，完善平台建设。

（一）绝大多数评估对象能够按时发布年度报告

《政府信息公开条例》第三十一条规定："各级行政机关应当在每年3月31日前公布本行政机关的政府信息公开工作年度报告。"经过持续跟踪观察，截至2016年3月31

日24时，54家国务院部门、31家省级政府均发布了本机关2015年信息公开工作年度报告。这表明，国务院部门和省级政府按时发布年度报告的情况已经较为理想。

其中，国家发展和改革委员会、国有资产监督管理委员会、国家旅游局等16家国务院部门，北京市、吉林省、辽宁省、河北省、宁夏回族自治区等8家省级政府的年度报告发布时间较规定时间平均提前7—8天。并且，从宁夏回族自治区政府门户网站的年度报告集中发布平台上可看出，其组成部门及下级地方政府的年度报告于2016年3月2日至4日集中发布，说明其对年度报告编制及发布工作较为重视，对其本级政府部门及下级地方政府年度报告发布工作的指导监督工作较为有效。

（二）评估对象均在门户网站设置年度报告公开专栏，不少对象设有集中展示平台

大部分省级政府在其公开专栏中公布了2008年至2015年年度报告，部分省级政府还在集中平台上公布了其组成部门及下级政府自2008年以来的年度报告。其中，上海市早在《政府信息公开条例》出台之前，自2004年就开始实施政府信息公开制度，因此，其公布了

2004 年至 2015 年年度报告。

本次评估发现的一个亮点是有的评估对象采取了集中展示的方式对外发布下属机关的年度报告。中国政府网开设了“2015 年政府信息公开工作年度报告”栏目（http://www.gov.cn/zhuanti/2015zfxinxigongkaibaogao/index.htm），集中展示国务院部门、省级政府 2015 年年度报告。31 家省级政府门户网站均开设了集中展示平台，集中公开本级政府部门、下属地市级政府的年度报告。国土资源部、工业和信息化部、中国人民银行、国家海关总署、国家安全生产监督管理总局、国家统计局、国家税务总局、中国民用航空局等国务院部门也设置集中发布平台展示下级部门的年度报告，如国土资源部集中展示了各地国土资源厅（局）的年度报告，中国人民银行集中展示了各分支机构的年度报告，国家安全生产监督管理总局集中展示了各地煤监局的年度报告。在集中平台的建设方面，绝大多数集中平台建设比较好，如国土资源部、内蒙古自治区、山西省、上海市、贵州省等，或者在集中平台有清晰的分类，或者提供了检索模式，便于查找。集中展示提高了年度报告的查询便利度，也有助于横向比较各地方各部门的年度报告质量与政府信息公开工作成效。

（三）部分评估对象注重年度报告的形式新颖性

评估结果显示，与往年相比，此次发布的年度报告普遍注重报告形式的新颖性，绝大多数年度报告都做到了图文并茂，注重运用表格、图片，有图有真相，直观展示自身工作的进展与成效。同时，不少地方和部门发布的年度报告提供了网页格式、Word 版本、PDF 版本等多个版本，有助于满足公众的多元化信息需求。

如陕西省年度报告中有 2008 年至 2015 年相关公开数据的对比图；中国保险监督管理委员会年度报告中插入的图片格式简洁统一；福建省、青海省的年度报告形式新颖，以电子书的方式呈现，文字与图片穿插，视觉效果突出；湖北省年度报告样式精美，提要与内容并行；四川省年度报告也提供电子书模式，且版面设计更加合理，部分图片可以放大细看。

此外，政府信息公开工作年度报告作为对过去一年行政机关信息公开工作的总结，其内容必然会涉及各种文件、新闻、专题、栏目等。若公众需查询其所述内容的具体信息，就需在政府门户网站中进行搜索。评估发现，国家质量监督检验检疫总局、教育部、水利部等的年度报告设计以便利公众查询为出发点，对年度报告中所涉及的文件、新闻、专题、栏目等均配置了链接。公众在阅读年度报告的过程中若对某项内容感兴趣，就可以直接点击进入相应的板块。国家烟草专卖局在年度报告的网页上还设置有“减小字体或增大字体”的按钮，可以对字体进行适当的调整。这些年度报告形式上的创新都体现了评估对象重视年度报告的形式新颖性，从便民利民和提高阅读体验的角度出发，对年度报告的展现形式逐步地进行完善。

（四）绝大多数评估对象年度报告要素齐全，部分报告内容翔实、重点突出

《政府信息公开条例》第三十二条规定，年度报告应当包括行政机关主动公开政府信息的情况，行政机关依申请公开政府信息和不予公开政府信息的情况，政府信息公开的收费及减免情况，因政府信息公开申请行政复议、提起行政诉讼的情况，政府信息公开工作存在的主要问题及改进情况，以及其他需要报告的事项。《国务院办公厅关于做好全国人大代表建议和全国政协委员提案办理结果公开工作的通知》（国办发〔2014〕46号）

中，也要求分阶段推进全国人大代表建议和全国政协委员提案办理结果公开，并将建议和提案办理结果公开情况作为政府信息公开工作年度报告的内容。

评估结果显示，首先，部分评估对象的年度报告内容较为翔实，如福建省、青海省、甘肃省、宁夏回族自治区等。青海省政府的年度报告对《2015 年政府信息公开工作要点》中要求公开的内容均作了详细的阐述，也对 2015 年政府信息公开制度建设情况、是否制定指导本地区信息公开的文件、2015 年政府信息公开机构建设情况、人员投入情况、经费投入情况等《2015 年政府信息公开工作要点》未作要求的信息作了描述。甘肃省政府的年度报告不仅对《2015 年政府信息公开工作要点》中要求的每一项内容都作了充分的描述，还对应《2015 年政府信息公开工作要点》中的相关要求，在年度报告公开平台中以重点提要的方式体现了出来，使重点内容一目了然，可按需查询。此外，有些行政机关的年度报告不仅内容翔实，还在报告中附有表格，将所有数据以附表的形式公布，使重点更加直观、突出，如农业部、交通运输部、海关总署、上海市、天津市、山东省、河南省、安徽省、江苏省、陕西省等。

其次，有些评估对象对部分要素内容阐述较为详细。《2015年政府信息公开工作要点》列出了推进行政权力清单、财政资金、公共资源配置、重大建设项目、公共服务信息、国有企业信息、环境保护、食品药品安全信息、社会组织和中介机构等9个信息公开的重点领域。评估发现，绝大多数评估对象都能对重点领域信息作较为详细的阐述，尤其是省级政府做得普遍较好，如上海市、浙江省、海南省等。

《2015年政府信息公开工作要点》除要求推进重点领域信息公开外，还要求全面加强主动公开工作、强化依申请公开管理和服务、建立健全制度机制、加强组织领导和机构队伍建设等。评估发现，各评估对象在这些内容方面的阐述情况各不相同。如甘肃省政府的年度报告对《2015年政府信息公开工作要点》中要求的“建立健全制度机制”方面阐述详细，在年度报告中以单独的标题列出，相比之下，部分评估对象容易忽略机制建设情况，或者在概述中一带而过。国家文物局、国家外汇管理局等对“加强组织领导和机构队伍建设”方面阐述较好，对人员配备、机构情况作了详细描述。国家新闻出版广电总局之新闻出版方面、商务部、宁夏回族自治区、黑龙江省等按照《国务院办公厅关于做好全国人大代表建议和全国政协委员提案办理结果公开工作的通知》（国办发〔2014〕46号）要求，详细列明了建议和提案办理结果公开情况。西藏自治区政府的年度报告对存在的问题及措施叙述详细，改进措施具有针对性，四川省政府的年度报告对政府信息公开机构建设和保障经费情况描述详细。

（五）年度报告显示部分评估对象能够主动创新公开机制

评估发现，部分评估对象能够主动探索依申请转主动公开机制，畅通申请渠道，维护公众权益。如教育部在其年度报告中提道："加强主动公开与依申请公开的工作联动，通过依申请公开工作过程中反馈的信息，将应主动公开的历史公文，通过门户网站向社会公开。对反复被提起申请的属性为'依申请公开'的文件，将属性变更为'主动公开'。"

（六）个别评估对象能够对自身信息公开总体情况进行分析

发布政府信息公开工作年度报告的意义不仅在于能够

全面直观地表现出该行政机关在上一年度政府信息公开工作中取得的成绩和存在的不足，还在于能够让行政机关在总结不足的过程中进行自我分析，以便采取相应的改进措施，也可为政府决策提供数据支持。如广西壮族自治区政府的年度报告中就对依申请情况、申请行政复议、提起行政诉讼、收到举报投诉情况作出了分析（见图3）。

从申请形式来看，申请方式逐渐多元化。政府信息公开申请中，当面申请3270件，占69%；传真申请64件，占1%；网络申请500件，占11%；信函申请890件，占19%。随着互联网的广泛应用，通过电子邮件提出的申请快速增加，而当面申请依然是申请的主要渠道，这主要是群众逐步知晓各级政务服务中心是政府信息公开查询点和依申请公开受理点后，在政务服务中心查询和申请都较为方便。

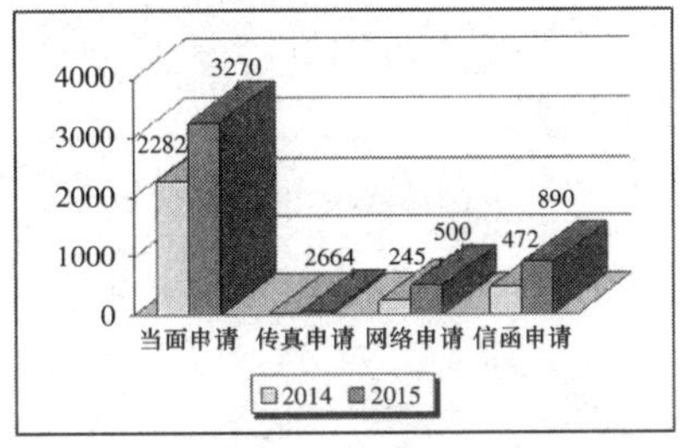

从申请内容来看，申请公开与公众自身利益密切相关的较多，主要涉及征地拆迁批文、城镇建设总体规划及土地利用总体规划批文、专项资金使用情况等。以自治区各部门为例，国土资源、住房城乡建设等部门收到的申请较多。这说明我区经济社会发展过程中，因征地、拆迁等引发的社会矛盾日益突出，行政机关信息公开不到位也是客观存在的问题。

图3　广西壮族自治区人民政府2015年政府信息公开工作年度报告

（七）部分评估对象附有独立于年度报告的图解说明

评估发现，部分评估对象在年度报告专栏中附有独立于年度报告的图解说明。相对于字数较多、篇幅较长的年度报告，图解说明简洁明了，一目了然。例如：海关总署（见图4）、北京市政府（见图5）、贵州省政府均配合年度报告发布了图解，其中贵州省政府的年度报告内容的说明是以视频方式呈现的（见图6）。

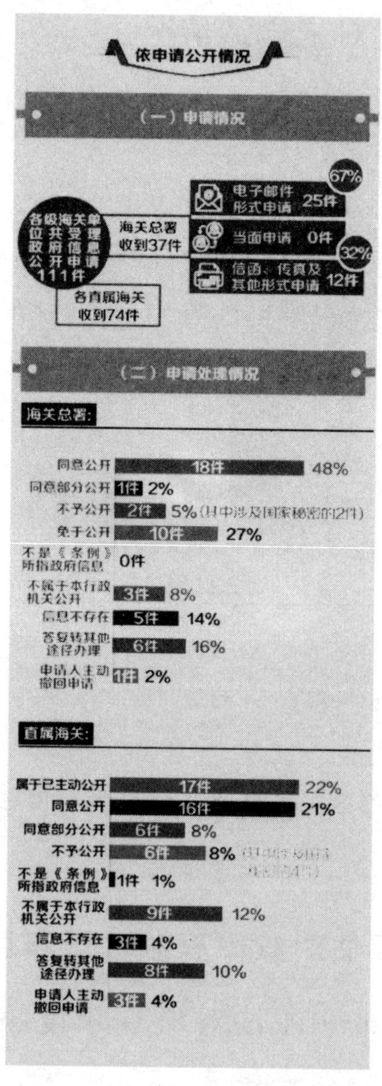

图4　海关总署2015年政府信息公开工作年度报告图解

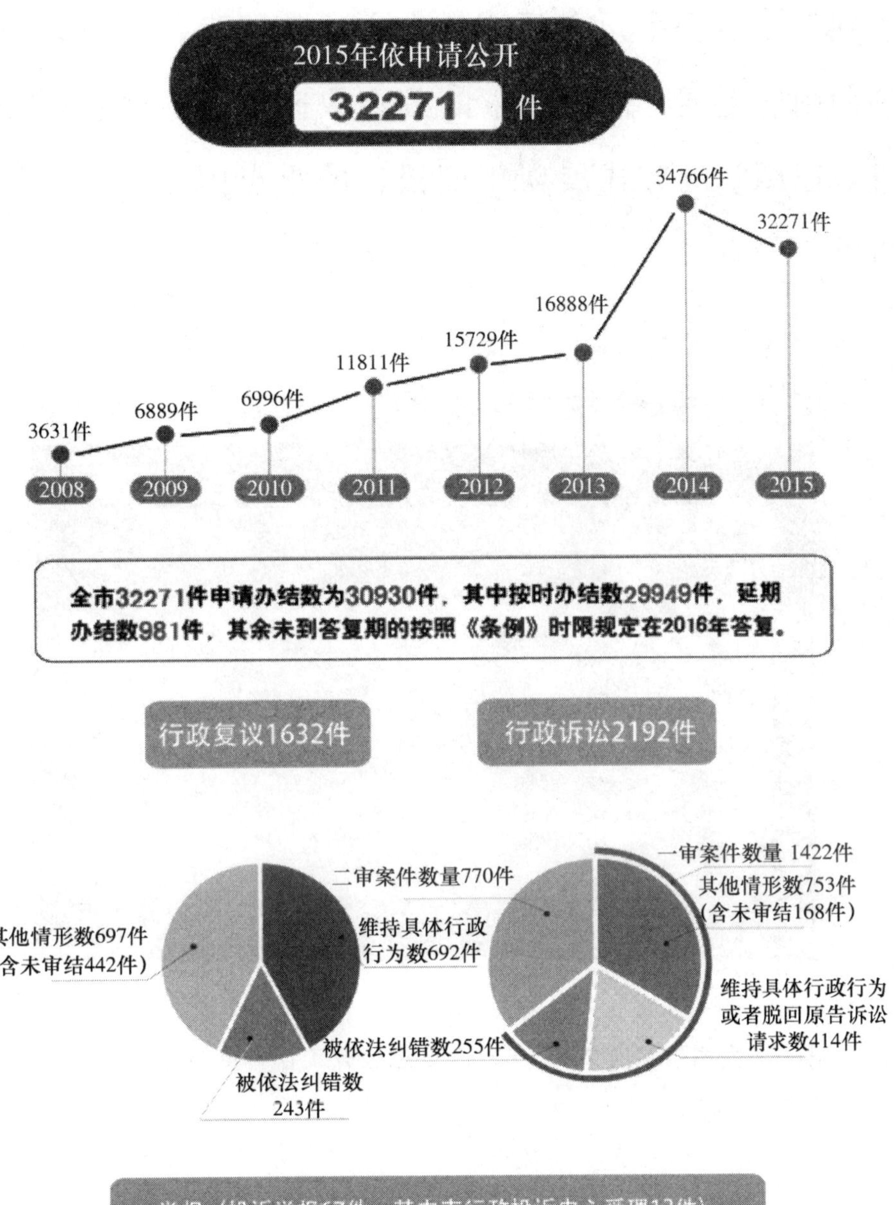

图5　北京市2015年政府信息公开工作年度报告图解

简要的图解说明可以起到导航作用，可以让公众了解到年度报告中包含了哪几个方面的要素，也可以作为一种内容提要，使有需求的公众快速定位想要获取的信息。以图解的方式展现年度报告的重点内容，是一种值得推广的方式。

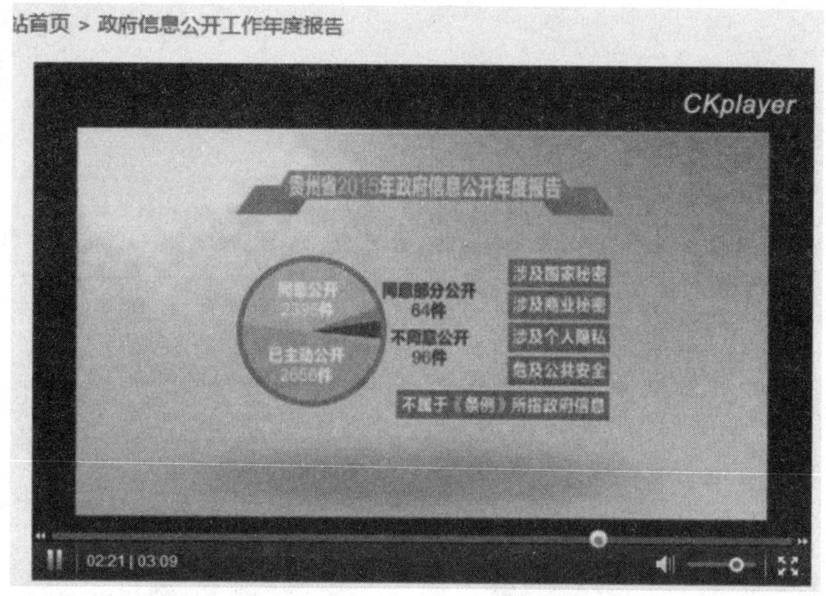

图 6　贵州省政府 2015 年政府信息公开工作年度报告视频图解

四　评估中发现的问题

但也要看到，省级政府组成部门及地市级以下政府的年度报告发布还有短板，部分国务院部门和省级政府所发布的年度报告查询不便、数据不规范等情况依然存在。

（一）个别评估对象年度报告发布不及时

评估发现，大部分国务院部门及省级政府均能够按时发布信息公开工作年度报告，只有国务院某部门未按时在门户网站发布年度报告。经项目组电话咨询，对方告知因为系统问题未能及时将年度报告推送至门户网站。4 月 1 日下午，该部门已在其门户网站发布了年度报告。

此外，项目组还抽查了部分省级政府的组成部门及下级地方政府的年度报告发布情况，发现仍有部分省级政府组成部门及下级地方政府的政府信息公开工作年度报告未及时发布。如截止到 2015 年 4 月 1 日，重庆市监察局、重庆市文化委员会、重庆市国有资产监督管理委员会、重庆市江北区的政府信息公开工作年度报告既未在重庆市政府信息公开工作年度报告集中发布平台发布，也未在本行政机关的门户网站发布。

（二）部分评估对象年度报告发布后有变动

评估发现，部分年度报告在发布后有变动。例如项目组在复查评估结果时发现，有的国务院部门网站中已经无2015年年度报告，其网站中“政府信息公开年报”栏目打开后只显示2014年年度报告，项目组用搜索引擎进行检索，显示链接无效；还有的国务院部门年度报告发布后内容和表述有较大变动，如之前的年度报告正文中没有表格，复查过程中发现年度报告正文中增加了表格，部分表述也发生了变动。

（三）部分评估对象多平台发布年度报告

评估发现，大部分地方政府的评估对象都会在两个甚至两个以上的平台发布本机关的年度报告，一种是省级政府门户网站中的专门栏目，另一种是集中平台，且集中平台中不仅有省级政府的组成部门及下级地方政府的年度报告，也有省级政府自身的年度报告。多平台发布年度报告虽然在一定程度上能够方便公众的查询，但是平台太多也会造成资源的浪费，甚至影响公开效果。例如，湖北省政府就存在三种查询路径（见图7），其中，“湖北省政府信息公开联网平台”与“湖北省政府信息公开工作年度报告汇总平台”是两个不同的平台。从湖北省的年度报告平台建设及年度报告内容来看，其对年度报告的编制十分重视，在发布年度报告后，还将年度报告作为热点信息放在政务专题中。但是过多的平台也会造成信息冗余。

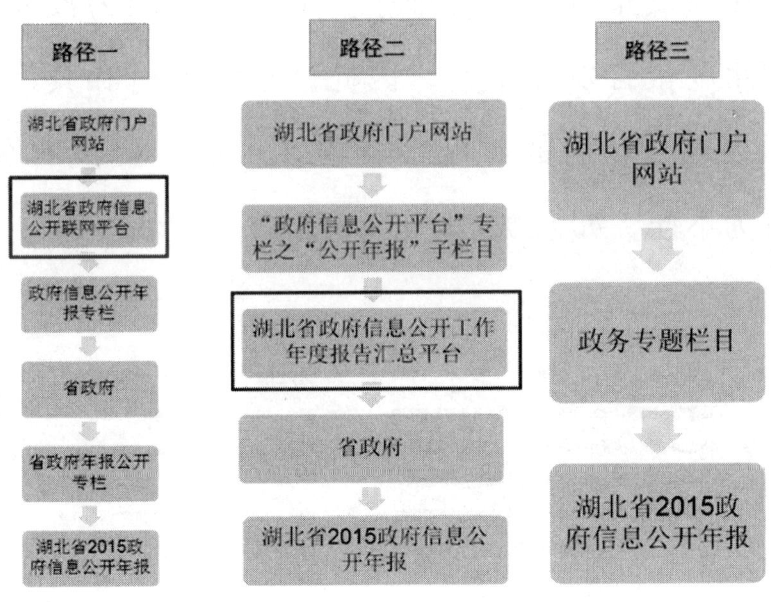

图7　湖北省政府的年度报告查询路径

此外，较常见的情形是，建有信息公开工作年度报告专栏和平台的评估对象，通常在其门户网站的年度报告公开专栏中发布本级政府2008年至2015年年度报告，在集中平台中发布本级政府及所辖部门和地方政府的年度报告。

（四）个别评估对象年度报告专栏排序混乱，查询不便

政府信息公开工作年度报告专栏中的内容应当分门别类并按照发布时间进行排序。个别地方因为没有建设单独的年度报告发布平台，因此，省级政府和其组成部门、下级地方政府的年度报告混在一起，且没有分类，查找较为不便，如西藏自治区（图8）。

索引号	名 称	发文日期	文 号
	西藏自治区教育厅2015年度政府信息公开工作年度报告	(16-03-30)	藏教函（2016）74号
	西藏自治区国土资源厅2015年政府信息公开工作年度报告	(16-03-30)	藏国土资发（2016）11号
	那曲地区行政公署2015年政府信息公开年度报告	(16-03-30)	无
	自治区工业和信息化厅2015年政府信息公开年度报告	(16-03-30)	藏工信发（2016）31号
	日喀则市2015年度政府信息公开工作年度报告	(16-03-30)	
	昌都市2015年政府信息公开年度报告	(16-03-30)	无
	自治区发展改革委关于2015年政府信息公开工作情况的...	(16-03-30)	
	自治区住房和城乡建设厅2015年政府信息公开工作年度...	(16-02-23)	藏建办[2016]37号
	西藏自治区2015年政府信息公开工作年度报告	(16-03-30)	无
	西藏自治区监察厅2015年政府信息公开报告	(16-03-18)	
	西藏自治区财政厅关于2015年政府信息公开工作的年度...	(16-03-17)	藏财办发（2016）1号

图8 西藏自治区政府门户网站的年度报告专栏

（五）个别评估对象集中展示平台信息不全面

根据国务院办公厅下发的文件要求，省级政府应在本单位网站以专题形式集中展示本行政区域内地市级政府及省级政府工作部门发布的年度报告。本次评估发现，31 家省级政府均建立了年度报告集中发布平台，集中发布政府信息公开工作年度报告，但是有些省级政府集中平台发布的年度报告不全面。例如，山东省政府的集中平台上仅发布了省级政府和政府组成部门的年度报告，没有下级地方政府的信息公开工作年度报告，而且部分省级政府组成部门仅有 2015 年之前的年度报告，没有 2015 年的政府信息公开工作年度报告，如山东省国有资产监督管理委员会、山东省住房和城乡建设厅、山东省科学技术厅，而山东省知识产权局未在集中平台发布年度报告。再如，重庆市政府的年度报告集中发布平台上虽然设置了市政府组成部门和下级区县的链接，但是点击进入之后发现，很多行政机关并没有发布 2015 年政府信息公开工作年度报告，如重庆市城乡建设委员会、重庆市商业委员会、重庆市民政局等。

之所以倡导建立集中平台发布年度报告，就是为方便公众查找，如果平台建成了，年度报告却不在平台上发布，反而会降低年度报告查询便捷度，影响年度报告的公开效果。

（六）个别评估对象年度报告可获取性不强

年度报告除在网站或平台中进行展示外，还应当可复制并允许下载，以便公众利用其中的信息。但个别年度报告不能复制或者下载。评估发现，87 家网站中，青海省、吉林省政府的年度报告不能复制并且不能下载，占比为 2.30%。其中青海省政府的年度报告为 Flash 模式，因此不能复制，且其下载路径错误；吉林省的年度报告既不能复制又不能下载。

（七）部分评估对象年度报告未能体现形式新颖性要求

编制年度报告，应更多运用图片、图表、图解等表现形式，用数据说话，图文并茂，增强可读性、生动性，方便公众查阅。评估发现，部分评估对象年度报告并没有运用图片、图表等形式，也没有很好地运用数据，导致年度报告重点不突出、可读性不强。如前所述，有 20 份国务院部门年度报告没有做到图文并茂，仅是纯文字版本，占比达35.71%，如民政部、财政部、住房和城乡建设部、审计署、公安部、司法部、人力资源和社会保障部、国有资产监督管理委员会、国家工商行政管理总局、国家新闻出版广电总局（2份）、国家税务总局、国家林业局、证券监督管理委员会、国家烟草专卖局、国家公务员局、国家文物局、国家中医药管理局等；有3家省级政府未在年度报告中配发图表，占比为9.68%。

（八）部分评估对象年度报告样式设计不尽合理，展示方式需完善

设计简洁大方的年度报告会给公众以良好的阅读体验，但评估发现，部分评估对象年度报告的设计还需要优化。例如，国家烟草专卖局年度报告页面背景颜色很深，很难看清楚文字（项目组用四种不同浏览器打开，其中三种浏览器打开结果相同，均为深蓝色背景）。又如，部分年度报告插入的图片较为模糊，不能起到增强可读性的作用。还有部分年度报告虽内容充分，但字体小，阅读不便，且这种情况较为常见。

近几年，随着政府信息公开工作年度报告发布机制

的日渐成熟，部分评估对象开始探索发布年度报告的新方式，除了传统的在网站上发布图文版本之外，如今Flash版本的年度报告也越来越多，但是作为一种新的年度报告展示方式，其功能设计还不完善，友好性较差。例如，青海省政府的年度报告flash程序设计还不完善，其菜单栏目默认为英文，分享功能只能分享至“Facebook”“Twitter”“Linkedin”。

（九）部分评估对象年度报告内容不翔实

评估发现，部分评估对象的年度报告内容还不充分、翔实。第一，个别评估对象年度报告内容要素不全，如个别评估对象年度报告中没有建议提案办理结果公开情况的说明，如国家发展和改革委员会、民政部、公安部、国家新闻出版广电总局之广播影视方面、国家烟草专卖局、国家林业局、国家中医药管理局、天津市、吉林省、内蒙古自治区等。个别评估对象年度报告中没有对重点领域落实情况的详细说明，如国家发展和改革委员会、国家工商行政管理总局、国家林业局、国家烟草专卖局、文化部等。其中，国家工商行政管理总局仅在“主动公开政府信息情况”中简略说明了通过不同渠道公开的信息数量，而未对诸如财政信息公开等重点领域的信息公开情况进行说明。

第二，部分评估对象年度报告内容简略，该重点说明的内容仅予以简单描述。这一点表现最为明显的是对依申请公开信息情况的描述方面，23 份国务院部门年度报告、4 份省级政府年度报告未对依申请方式的分类数据进行说明，如国家发展和改革委员会、住房和城乡建设部、审计署、工业和信息化部、公安部、水利部、国有资产监督管理委员会、国家税务局、国家外国专家局、国家海洋局、湖南省、山西省等；20 份国务院部门年度报告、3 份省级政府年度报告未对依申请答复结果分类数据进行说明，如国家发展和改革委员会、科学技术部、国家民族事务委员会、国土资源部、住房和城乡建设部、审计署、财政部、环境保护部、国有资产监督管理委员会、国家新闻出版广电总局之广播影视方面、国家税务总局、国家林业局、国家烟草专卖局、国家铁路局、国家粮食局、国家中医药管理局、湖南省、新疆维吾尔自治区等；36 份国务院部门年度报告、7 份省级政府年度报告未对不公开答复的分类数据进行说明，上面列举的没有对依申请答复结果分类数据进行说明的行政机关，同样没有对不公开答复的分类数据进行说明，除此之外，还有水利部、商务部、教育部、国家能源局、江西省、广东省、海南省等。

还有行政机关的年度报告未对因政府信息公开被复议被诉的详细数据进行说明，18 份国务院部门年度报告、3 份省级政府年度报告未对行政复议结果的分类数据进行说明，即没有说明申请行政复议的案件中有多少被维持，有多少被依法纠错，如国家文物局、民政部、财政部、中国人民银行、国家税务局、国家体育总局、山西省、福建省等；21 份国务院部门年度报告、3 份省级政府年度报告未对诉讼结果的分类数据进行说明，如科学技术部、工业和信息化部、财政部、国家烟草专卖局、国家外汇管理局、海关总署、国家新闻出版广电总局之广播影视方面、福建省、云南省等。

还有的年度报告对政府信息公开工作中存在的问题及改进措施描述过于简略，有的甚至没有相应内容，如中国民用航空局、国家中医药管理局、公安部、国有资产监督管理委员会、国家铁路局等。其中，中国民用航空局年度报告对“政府信息公开工作存在的主要问题及改进情况”描述仅有只言片语，国家中医药管理局年度报告整体篇幅较为简略。

（十）个别省级政府的年度报告未反映本行政区域信息公开情况全貌

省级政府的信息公开工作年度报告内容应反映本行政区域信息公开工作的整体情况。评估发现绝大部分省级政府的信息公开工作年度报告均对本行政区域的信息公开工作进行了整体说明，但是重庆市政府的年度报告在对依申请公开政府信息的情况进行说明时，申请总量是全市政府机关的数据，而答复情况则仅对市政府本级的申请答复情况进行说明，没有对全市整体答复情况进行说明（见图9），前后文之间内容不协调。

三、依申请公开政府信息情况

（一）依申请公开受理情况。

全市政府机关共设置政府信息公开申请受理点150余个。其中，市级机关设置受理点70余个，区县（自治县）政府设置受理点80余个。2015年，全市政府机关共受理信息公开申请13132件。市政府受理政府信息公开申请763件，申请内容主要集中在房屋征收与补偿、土地征用、城市规划、财政资金使用、规范性文件等方面的政府信息。总体上，申请事项与人民群众切身利益密切相关，与自身权利主张和利益诉求密切相关，与社会热点密切相关。

（二）依申请公开办理情况。

市政府受理的763件政府信息公开申请，全部依法按时以告知书形式予以答复，答复率为100%。在已办理答复件中，公开信息的有611件，占总数的80.08%；不属于本行政机关公开的有81件，占总数的10.62%；申请信息不存在的有51件，占总数的6.68%；申请内容不明确或转其他途径办理的有20件，占总数的2.62%。

图9　重庆市政府2015年政府信息公开工作年度报告

（十一）部分评估对象年度报告内容与其往年报告内容雷同

由于每一年政府信息公开推进的重点不同、依申请公开和主动公开的数据不同、不同年度信息公开工作方面存在的不足以及应对的措施也不同，因此不同年度的政府信息公开工作年度报告内容必然会不同。为保证评估结果的公正性，本次评估对年度报告内容重复率进行了技术扫描，重点扫描了报告概述与问题及改进措施部分。

评估发现，有3家国务院部门的年度报告内容与本机关往年年度报告内容雷同（见表2）。以司法部为例，

表2　2015年政府信息公开工作年度报告重复率扫描结果

政府名称	重复率	公开年度报告网址
国家司法部	2015年和2014年：92.80%	http：//www.moj.gov.cn/index/content/2010－04/02/content_2103114.htm?node=7379
国家地震局	2015年和2014年：89.03%	http：//www.cea.gov.cn/publish/dizhenj/465/470/525/index.html
	2015年和2013年：78.24%	
农业部	2015年和2014年：76.81%	http：//www.moa.gov.cn/govpublic/ndbg/

2015年和2014年的年度报告重复率高达92.80%（见表3）。可见，部分评估对象在概述、改进措施部分还存在套用模板的可能。这也表明，有关部门对年度报告的撰写乃至政府信息公开工作重视不够。

表3　司法部2014年与2015年政府信息公开工作年度报告部分内容对比

2014年年度报告结尾	2015年年度报告结尾
七、存在的主要问题和改进措施 2014年政府信息公开工作取得了新的进展，但仍然存在不少问题，主要表现为：①主动公开的力度需要进一步加强，运用新媒体政务信息发布平台有待进一步拓宽，政策解读、网上互动工作有待进一步加强。下一步，我们将着重抓好以下几个方面工作：	六、存在的主要问题和改进措施 2015年政府信息公开工作取得了新的进展，随着新情况、新问题的出现，规范化建设仍然需要提高。主要表现为：①主动公开的力度需进一步加强，运用新媒体政务信息发布平台亟需进一步拓宽，网上互动工作有待加强。信息公开依申请公开工作需要一步完善，协调机制建设需要加强，公信力需要进一步提升。今后，我们要着重抓好以下工作：
一是积极搭建有效平台，②不断完善政府网站、新闻发布会以及报刊、广播、电视等政府信息发布的多种平台建设，积极探索利用政务微博、微信等新媒体，建立权威信息发布，热点及时解读、回应的立体平台。	一是构建新媒体平台。②通过不断完善政府网站、新闻发布会以及政务微博、微信等政府信息发布的多种平台建设。

续表

2014 年年度报告结尾	2015 年年度报告结尾
二是③建立健全多种公开渠道，大力加强重点领域主动公开，积极做好依申请公开，认真做好新闻发布工作。 三是④大力加强信息发布、解读、回应机制建设。不断完善主动发布机制，加大主动公开力度，进一步扩大主动公开信息量；建立专家解读机制，对司法行政重要政策法规及时做好政策解读，让公众更好地知晓、理解司法行政各项政策和改革举措；健全舆情收集和回应机制，密切关注重要司法行政相关舆情，加强分析研判，做到及时回应，解疑释惑。	二是④加强信息发布、解读、回应机制建设。不断完善主动发布机制，加大主动公开力度，进一步扩大主动公开信息量；建立专家解读机制，对重要政策法规及时做好政策解读，让公众更好地知晓、理解各项政策和改革举措；健全舆情收集和回应机制，密切关注重要舆情，加强分析研判，做到及时回应，解疑释惑。③建立健全多种公开渠道，大力加强重点领域主动公开，建立权威信息发布，热点及时解读、回应的全方位立体平台。

注：表中下划线所标识的内容为雷同的部分，为了方便比对，本报告分别用①②③④做了标注。

（十二）部分评估对象年度报告内容准确性不佳

除评估指标外，本年度项目组还对北京市、天津市、上海市和重庆市四个直辖市的政府组成部门及下级地方政府的政府信息公开工作年度报告内容的一致性进行了抽查。评估中发现，在年度报告内容方面，还存在以下几点问题。

1. 年度报告内容相互矛盾

（1）文字叙述前后矛盾

有些行政机关的年度报告正文内容叙述前后矛盾，例如，北京市政府法制办的年度报告在“政府信息依申请公开情况”部分对“申请情况”的介绍中显示，其2015年共收到政府信息公开申请15件，而在“答复情况”中却表述为“在25件申请答复中……”，而答复情况的分类数据之和为15件（见图10）。类似问题的出现表明，行政机关对外发布的年度报告严谨性不足，这也会影响政府的公信力。

三、政府信息依申请公开情况

（一）申请情况

2015年本办共收到政府信息公开申请15件，均已按时答复，发生诉讼情况1件。其中，当面申请5件，占全部申请的33%；通过互联网申请3件，占全部申请的20%；以信函形式申请7件，占全部申请的47%。

（二）答复情况

在25件申请的答复中：

“同意公开”8件，约占总数的53%；

“信息不存在”3件，占全部申请的20%；

“非《条例》所指的政府信息”3件，占全部申请的20%；

“申请人撤回申请”1件，占全部申请的7%。

图10　北京市政府法制办2015年政府信息公开工作年度报告

（2）正文叙述与表格数据矛盾

有些行政机关的年度报告正文叙述和文后附表内容不一致。例如，北京市气象局的年度报告，在“主要工作情况”下的“公开情况”部分表示2015年气象局未收到政府信息公开申请（见图11），而年度报告正文后的附表则显示，气象局2015年收到3件政府信息公开申请，且进行了答复（见图12）。

一、主要工作情况

（一）公开情况。

1. 主动公开工作情况：

及时更新了局基本信息。为方便公众了解信息，本局主动公开的政府信息通过政府网站、政府信息公开大厅、政府信息公开栏、信息查阅点、电子屏幕、便民手册、服务指南、新闻发布会、档案室、报纸、广播、电视、气象北京官方微博、微信等形式公开。

注重发挥政府网站作为政府信息公开的主渠道作用。2015年共主动公开政府信息173条。

2. 政府信息依申请公开情况：

本局2015年度未收到政府信息公开申请件。

3. 人员和收支情况：

图11　北京市气象局2015年政府信息公开工作年度报告

又如，北京市质监局的年度报告，在网页浏览版的文字叙述部分表示质监局2015年收到申请人依申请公开政府信息71件，按时办结69件（见图13），文后的政府信息公开情况统计表则显示2015年收到352件申请，

三、依申请公开情况		
(一) 收到申请数	件	3
1.当面申请数	件	0
2.传真申请数	件	0
3.网络申请数	件	0
4.信函申请数	件	3
(二) 申请办结数	件	0
1.按时办结数	件	0
2.延期办结数	件	0
(三) 申请答复数	件	3
1.属于已主动公开范围数	件	0
2.同意公开答复数	件	0
3.同意部分公开答复数	件	0
4.不同意公开答复数	件	3
其中:涉及国家秘密	件	0
涉及商业秘密	件	0
涉及个人隐私	件	0
危及国家安全、公共安全、经济安全和社会稳定	件	0
不是《条例》所指政府信息	件	3
法律法规规定的其他情形	件	0

图 12　北京市气象局 2015 年政府信息公开工作年度报告附表

333 件按时办结（见图 14），文字叙述与表格记载相矛盾，数据相差较大。质监局的年度报告还提供了下载版，下载的年度报告文字叙述与表格记载依然存在偏差，其文字叙述部分显示质监局 2015 年按时办结 69 件政府信息公开申请，其中“申请信息不存在”的有 6 件，“告知作出更改补充”的有 2 件（见图 15），而文后所附表格中的统计数据与正文叙述不一致（见图 16）。

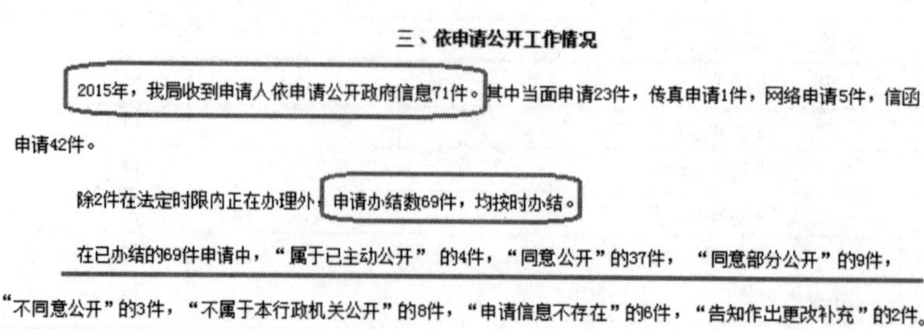

三、依申请公开工作情况

2015年，我局收到申请人依申请公开政府信息71件。其中当面申请23件，传真申请1件，网络申请5件，信函申请42件。

除2件在法定时限内正在办理外，申请办结数69件，均按时办结。

在已办结的69件申请中，“属于已主动公开”的4件，“同意公开”的37件，“同意部分公开”的9件，“不同意公开”的3件，“不属于本行政机关公开”的8件，“申请信息不存在”的6件，“告知作出更改补充”的2件。

图 13　北京市质监局 2015 年政府信息公开工作年度报告网页版

三、依申请公开情况	——	
（一）收到申请数	件	352
1. 当面申请数	件	84
2. 传真申请数	件	1
3. 网络申请数	件	94
4. 信函申请数	件	174
（二）申请办结数	件	333
1. 按时办结数	件	333
2. 延期办结数	件	0
（三）申请答复数	件	333
1. 属于已主动公开范围数	件	8
2. 同意公开答复数	件	278
3. 同意部分公开答复数	件	2
4. 不同意公开答复数	件	15
其中：涉及国家秘密	件	0
涉及商业秘密	件	2
涉及个人隐私	件	0
危及国家安全、公共安全、经济安全和社会稳定	件	0
不是《条例》所指政府信息	件	11
法律法规规定的其他情形	件	2
5. 不属于本行政机关公开数	件	23
6. 申请信息不存在数	件	4
7. 告知作出更改补充数	件	3
8. 告知通过其他途径办理数	件	0

图 14　北京市质监局 2015 年政府信息公开工作年度报告网页版附表

三、依申请公开工作情况

2015 年，我局收到申请人依申请公开政府信息 71 件。其中当面申请 23 件，传真申请 1 件，网络申请 5 件，信函申请 42 件。

除 2 件在法定时限内正在办理外，申请办结数 69 件，均按时办结。

在已办结的 69 件申请中，“属于已主动公开”的 4 件，“同意公开”的 37 件，“同意部分公开”的 9 件，“不同意公开”的 3 件，“不属于本行政机关公开”的 8 件，“申请信息不存在”的 6 件，“告知作出更改补充”的 2 件。

图 15　北京市质监局 2015 年政府信息公开工作年度报告下载版

三、依申请公开情况	—	
（一）收到申请数	件	71
1. 当面申请数	件	23
2. 传真申请数	件	1
3. 网络申请数	件	5
4. 信函申请数	件	42
（二）申请办结数	件	67
1. 按时办结数	件	67
2. 延期办结数	件	0
（三）申请答复数	件	67
1. 属于已主动公开范围数	件	4
2. 同意公开答复数	件	37
3. 同意部分公开答复数	件	9
4. 不同意公开答复数	件	3
其中：涉及国家秘密	件	0
涉及商业秘密	件	0
涉及个人隐私	件	0
危及国家安全、公共安全、经济安全和社会稳定	件	0
不是《条例》所指政府信息	件	1
法律法规规定的其他情形	件	2
5. 不属于本行政机关公开数	件	8
6. 申请信息不存在数	件	5
7. 告知作出更改补充数	件	1
8. 告知通过其他途径办理数	件	0

图 16　北京市质监局 2015 年政府信息公开工作年度报告下载版附表

再如，天津市政府的信息公开工作年度报告，正文叙述部分表述称“本年度共收到政府信息公开申请 8740 件……信函申请 2425 件”（见图 17）；而年度报告后的附表则显示 2015 年度天津市政府共收到信息公开申请 8750 件，其中信函申请 2435 件（见图 18）。文字叙述与附表有出入，公众不能判断哪一组数据是正确的、真实的，甚至会对整个年度报告的可信度持怀疑态度。

三、依申请公开政府信息情况

（一）依申请受理情况

本年度共收到政府信息公开申请8740件。其中，当面申请3271件；传真申请247件；网络申请2797件；信函申请2425件。申请内容主要涉及房屋征收与补偿、土地征用、环境保护、城市规划、城乡建设等方面的政府信息。

图 17 天津市政府 2015 年政府信息公开工作年度报告

三、依申请公开情况	——	
（一）收到申请数	件	8750
1. 当面申请数	件	3271
2. 传真申请数	件	247
3. 网络申请数	件	2797
4. 信函申请数	件	2435

图 18 天津市政府 2015 年政府信息公开工作年度报告附表

此外，上海市安全生产监督管理局的政府信息公开工作年度报告也存在文字叙述与附表数据不一致的现象。其文字说明部分显示上海市安全生产监督管理局2015年度收到的8条信息公开申请全部按时答复（见图19），但是附表记载8件申请中7件按时办结，1件延期办结（见图20）。

三、依法做好依申请公开工作

畅通公开受理渠道，保证申请人的权利，及时办理依申请公开事项。2015年，我局受理依申请公开8条，按时答复8条，同意公开或部分公开数8条。政府信息公开类行政复议0条，行政复议被纠错数0条；政府信息公开类行政诉讼0条。

图19　上海市安全生产管理局2015年政府信息公开工作年度报告

三、依申请公开情况		——
（一）收到申请数	件	8
1.当面申请数	件	2
2.传真申请数	件	0
3.网络申请数	件	6
4.信函申请数	件	0
5.其他形式	件	0
（二）申请办结数	件	8
1.按时办结数	件	7
2.延期办结数	件	1

图20　上海市安全生产管理局的政府信息公开工作年度报告附表

（3）网页浏览版与报告下载版矛盾

有些行政机关发布的政府信息公开工作年度报告网页版与下载版的内容有出入，主要表现在两个版本年度报告正文后的附表不一致。如北京市地方税务局，网页版年度报告部分附表见图21，下载版部分附表见图22。

北京市地方税务局

2016年3月

附表：

政府信息公开情况统计表

（2015年度）

统计指标	单位	统计数
一、主动公开情况	—	
（一）主动公开政府信息数（不同渠道和方式公开相同信息计1条）	条	213507
其中：主动公开规范性文件数	条	1
制发规范性文件总数	件	1
（二）重点领域公开政府信息数（不同渠道和方式公开相同信息计1条）	条	211733
其中：主动公开财政预算决算、“三公经费”和行政经费信息数	条	5
主动公开保障性安居工程建设计划、项目开工和竣工情况，保障性住房的分配和退出等信息数	条	0
主动公开食品安全标准，食品生产经营许可、专项检查整治等信息数	条	211728
主动公开环境核查审批、环境状况公报和重特大突发环境事件等信息数	条	0
主动公开招投标违法违规行为及处理情况、国有资金占控股或者主导地位依法应当招标的项目等信息数	条	0
主动公开生产安全事故的政府举措、处置进展、风险预警、防范措施等信息数	条	0
主动公开农用地转为建设用地批准、征收集体土地批准、征地公告、征地补偿安置公示、集体土地征收结案等信息数	条	0
主动公开政府指导价、政府定价和收费标准调整的项目、价格、依据、执行时间和范围等信息数	条	0
主动公开本市企业信用信息系统中的警示信息和良好信息等信息数	条	0

图21　北京市地方税务局2015年政府信息公开工作年度报告网页版部分附表

存在同样问题的还有北京市质量技术监督局。出现这种情形，可能是因为表格上传网页的过程中出现错误，但是行政机关应该对本机关公开发布的信息进行审核，而不是将信息上传到网站就万事大吉，上传后还应该进行回查，确保信息发布的准确性、一致性，避免出现自相矛盾的尴尬局面。

北京市地方税务局

2016 年 3 月

政府信息公开情况统计表

（2015 年度）

统 计 指 标	单位	统计数
一、主动公开情况	—	
（一）主动公开政府信息数（不同渠道和方式公开相同信息计 1 条）	条	4707
其中：主动公开规范性文件数	条	11
制发规范性文件总数	件	11
（二）重点领域公开政府信息数（不同渠道和方式公开相同信息计 1 条）	条	50
其中：主动公开财政预算决算、“三公经费”和行政经费信息数	条	2
主动公开保障性安居工程建设计划、项目开工和竣工情况，保障性住房的分配和退出等信息数	条	0
主动公开食品安全标准，食品生产经营许可、专项检查整治等信息数	条	0
主动公开环境核查审批、环境状况公报和重特大突发环境事件等信息数	条	0
主动公开招投标违法违规行为及处理情况、国有资金占控股或者主导地位依法应当招标的项目等信息数	条	0
主动公开生产安全事故的政府举措、处置进展、风险预警、防范措施等信息数	条	0
主动公开农用地转为建设用地批准、征收集体土地批准、征地公告、征地补偿安置公示、集体土地征收结案等信息数	条	0
主动公开政府指导价、政府定价和收费标准调整的项目、价格、依据、执行时间和范围等信息数	条	15
主动公开本市企业信用信息系统中的警示信息和良好信息等信息数	条	24
主动公开政府部门预算执行审计结果等信息数	条	0
主动公开行政机关对与人民群众利益密切相关的公共企事业单位进行监督管理的信息数	条	0

图 22　北京市地方税务局 2015 年政府信息公开工作年度报告下载版部分附表

（4）上下级行政机关间的数据相互矛盾

评估发现，有些地区上下级行政机关发布的年度报告数据不一致。例如，上海市政府的年度报告中显示，市级机关收到公开申请9358件，全市延期办结申请6317件。项目组对上海市委办局及下级区县政府信息公开工作年度报告一一进行核查后发现，上海市43个委办局2015年度共收到政府信息公开申请8022件，比上海市政府年度报告显示的市级机关的统计数据少1336件；上海市17个区县和43个委办局2015年延期办结的申请数量为5546件，比上海市政府年度报告的统计数据少771件。政府信息公开工作年度报告是行政机关对过去一年政府信息公开工作的总结，方便公众全面了解行政机关的政府信息公开情况，信息准确是对年度报告的基本要求，也是大数据背景下对数据统计的要求，否则大数据非但无助于准确掌握真实的情况，还可能误导决策。

2. 不同行政机关年度报告的附表完全一致

评估发现，有些行政机关的年度报告所附的政府信息公开统计表完全相同，包括公开内容的类别、各类公开信息的数据。例如，北京市地方税务局、北京市质量技术监督局、北京市食品药品监督管理局三家行政机关年度报告中所附的统计表完全一致。不同的行政机关年度公开的信息不可能完全相同，之所以出现上述情况可能是表格上传过程中出现错误，也可能是行政机关为在规定的发布时间内发布年度报告，而复制其他行政机关的统计表格。

3. 年度报告所述情况与实际不符

评估发现，个别评估对象年度报告中所述内容与实际情况不符。例如，司法部其在年度报告中描述：“2015年共办理184件全国人大代表建议、81件全国政协委员会提案、10件全国人大议案，并及时将办理结果公开。”但是项目组成员在其门户网站中并未发现其公开建议提案的办理结果。

四 完善建议

（一）重视年度报告发布工作，确保依法、规范发布年度报告

年度报告是对本机关过去一年政府信息公开工作的总结，也是向社会展示工作成效、面临困难等的重要形式。应将编写完成并按时发布年度报告作为各级行政机关政府信息公开工作的重要方面。不仅应当在日常工作中积累涉及政府信息公开工作的各类素材、数据，更要组织力量认真撰写年度报告，确保内容翔实、准确，并杜绝照搬往年年度报告或者其他机关年度报告的行为。在年度报告发布环节，要严格按照法定时限，以门户网站为第一发布渠道，及时对社会发布，让公众可以及时获取年度报告内容。

（二）整合年度报告发布平台，做好年度报告分类展示

发布年度报告首先是各级行政机关的法定义务，因此，各级行政机关应当首先做好本级机关门户网站政府

信息公开工作年度报告栏目建设，确保本级机关的年度报告集中发布在年度报告栏目中，并集中展示历年的年度报告，做到“各扫门前雪”。即便希望通过“要闻”“公告”等栏目醒目展示年度报告，也应当在年度报告栏目中设置相应链接，避免顾此失彼，影响公众查询。

各地方各部门还应当建好年度报告集中展示平台，省级政府（包括地市级政府、县级政府）均应当在门户网站设置年度报告集中展示平台，集中展示本级政府部门、下属地方政府的年度报告，并确保年度报告内容随各部门各地方政府的年度报告同步更新、内容一致，确保通过子栏目设置、加配检索功能等，方便公众按照年度、部门、地区等要素查询年度报告。

（三）确保年度报告内容可自由获取性和可读性

年度报告的价值在于可以对公众有用、可以让公众使用，因此，所有对外发布的年度报告均应当允许公众自由使用，应确保年度报告本身可以下载、年度报告内容可以复制。应当避免出现年度报告仅可复制或者仅可下载使用的情况，可以借鉴有的评估对象的做法，不但提供 HTML 格式，还提供 Word、PDF 等不同版本的报告文本供公众自由下载利用，方便公众根据自己的需求获取年度报告。

此外，年度报告还必须注重友好性，任何形式上的美化都应当服务于方便公众阅读报告的目的。首先，在门户网站上展示的年度报告要确保配色、字体等方面的友好性，避免出现字体偏小、背景偏暗等不利于公众阅读报告内容的情况。其次，要防止为了使用flash等所谓的新颖形式而影响公众查询年度报告内容的便利度。最后，避免过度追求使用图表、图片而忽视实际效果的情况。之所以提倡在年度报告中使用图片及图表，一是为了减少阅读的枯燥感，二是为了将较长的文字描述转化为更为直观易看的图片及表格模式，使年度报告生动易懂。但是年度报告版面也不必太过花哨，图文相得益彰即可，并且，要确保使用的图表清晰美观。

（四）充实年度报告内容，做到用事实和数据说话

经过多年的实践，年度报告的内容要素在《政府信息公开条例》所规定的基础上不断充实和细化，因此，年度报告应当做到对普遍要求的事项要全部涉及，尤其是对于类似依申请公开方式、不公开理由等要尽可能作

出细化说明，对于本机关未发生或者不涉及的内容，应当采取零报告的方式作出说明。对于所有展示在报告中的内容，还需要杜绝空洞的说教，应注重使用数据、实例来予以佐证。即便对于存在的问题、未来的改进措施等内容，也应当认真对待，从实际工作出发，有针对性地撰写内容，而不能照搬往年的报告内容。

（五）加强信息统计，确保年度报告内容准确

政府信息公开不仅应注重信息公开的时效，还应该注重信息公开的质量，行政机关不仅要发布信息，还要发布准确的信息。这在年度报告的发布中同样很重要。年度报告怎么公开，公开的方式如何，公开是否便民利民等都要以年度报告内容的准确性为前提。如果年度报告不能确保其内容的准确性，那么公开就完全没有意义，甚至会影响行政机关的公信力。本年度的评估虽然没有将年度报告内容的准确性作为评估指标，但是仅就小范围内的搜索比对即可发现，年度报告内容的准确性还不能令人满意。因此，做好年度报告发布工作应当高度重视年度报告内容的准确性，年度报告中公开的数据都应当来源于日常真实的统计，年度报告中提到的为信息公

开所做的一系列工作都应实际存在、有据可查，注重上下级信息更新同步、信息共享。只有确保所有公开的信息、数据均真实可信，来源真实可查，才能为政府信息的公开搭建好平台，奠定好基础。当然，这也要求政府信息公开的日常管理更加精细化、数据统计更加实时准确，特别是应加强对政府信息公开工作，尤其是依申请公开工作管理的信息化水平，实现在线办理公开、在线实时生成公开工作数据、在线完成对下属部门工作数据的归集统计分析。

附件一　2015 年评估的国务院部门目录

（一）国务院组成部门（22 家）

中华人民共和国外交部

中华人民共和国国家发展和改革委员会

中华人民共和国教育部

中华人民共和国科学技术部

中华人民共和国工业和信息化部

中华人民共和国国家民族事务委员会

中华人民共和国公安部

中华人民共和国民政部

中华人民共和国司法部

中华人民共和国财政部

中华人民共和国人力资源和社会保障部

中华人民共和国国土资源部

中华人民共和国环境保护部

中华人民共和国住房和城乡建设部

中华人民共和国交通运输部

中华人民共和国水利部

中华人民共和国农业部

中华人民共和国商务部

中华人民共和国文化部

中华人民共和国国家卫生和计划生育委员会

中国人民银行

中华人民共和国审计署

（二）国务院直属特设机构（1家）

国务院国有资产监督管理委员会

（三）国务院直属机构（13家）

中华人民共和国海关总署

国家税务总局

国家工商行政管理总局

国家质量监督检验检疫总局

国家新闻出版广电总局

国家体育总局

国家安全生产监督管理总局

国家食品药品监督管理总局

国家统计局

国家林业局

国家知识产权局

国家旅游局

国家宗教事务局

(四) 国务院直属事业单位 (5家)

中国地震局

中国气象局

中国银行业监督管理委员会

中国证券监督管理委员会

中国保险监督管理委员会

(五) 国务院部门管理的国家局 (14家)

国家信访局

国家粮食局

国家能源局

国家烟草专卖局

国家外国专家局

国家公务员局

国家海洋局

国家测绘地理信息局

国家铁路局

中国民用航空局

国家邮政局

国家文物局

国家中医药管理局

国家外汇管理局

附件二　政府信息公开工作年度报告评估指标体系

一级指标	二级指标	三级指标
年度报告发布情况	2015 年年度报告发布情况	是否设置年度报告集中发布平台
		2015 年年度报告是否发布
		2015 年年度报告发布时间
		年度报告是否可复制或下载
	是否发布了2008—2014 年年度报告	
年度报告新颖性	形式新颖性	是否采取图文并茂的方式进行说明
		是否有独立于年度报告正文的图解说明
	内容新颖性	
年度报告内容	主动公开信息情况	是否说明重点领域信息公开落实情况
		是否详细说明不同渠道主动公开信息的情况
		是否说明全国人大代表建议和全国政协委员提案办理公开情况

续表

一级指标	二级指标	三级指标
	依申请公开信息情况	是否说明2015年政府信息公开申请数量
		是否对2015年政府信息公开数量居前的事项作说明
		是否对2015年政府信息公开数量居前的事项作说明
		是否说明2015年政府信息公开答复情况
		是否说明依申请公开收费情况
	因政府信息公开被复议被诉情况	因政府信息公开申请行政复议的情况
		因政府信息公开提起行政诉讼的情况
	是否说明2015年信息公开工作中存在的问题及改进措施	

附件三　国务院办公厅关于加强和规范政府信息公开情况统计报送工作的通知

国办发〔2014〕32号

各省、自治区、直辖市人民政府，国务院各部委、各直属机构：

《中华人民共和国政府信息公开条例》（以下简称《条例》）施行以来，各地区、各部门在政府信息公开情况统计方面做了大量工作，较好地发挥了统计对促进政府信息公开和做好该项工作年度报告的基础性作用。为进一步加强和规范政府信息公开情况统计报送工作，建立指标统一、项目规范、口径一致、数据准确的政府信息公开情况统计报送制度，现就有关事项通知如下：

一　统计范围和内容

统计范围：具有法定行政职能，依《条例》承担政府信息公开义务的国务院部门，地方各级人民政府及县

（市）级以上地方人民政府部门，法律、法规授权的具有管理公共事务职能的组织。

统计内容：主动公开、依申请公开、政策解读、回应社会关切、行政复议、行政诉讼、举报投诉、机构建设和政府信息公开相关培训等情况。

二　组织领导和实施

（一）地方各级人民政府办公厅（室）负责组织实施本行政区域的政府信息公开情况统计工作，确定统计范围内的单位名单，布置统计工作任务，汇总统计数据，逐级向上一级政府信息公开主管部门报送汇总统计情况。

（二）各省（自治区、直辖市）人民政府办公厅负责组织实施本级政府及其部门的政府信息公开统计工作，推动本行政区域内各级人民政府做好政府信息公开统计工作，填写《政府信息公开情况统计表》，向国务院办公厅政府信息公开办公室报送省（自治区、直辖市）本级政府信息公开统计情况（包括本级政府及其部门数据）和本行政区域政府信息公开汇总统计情况。

（三）国务院各部门办公厅（室）负责组织实施本部门政府信息公开统计工作，分解落实统计工作任务，汇总本部门、本系统统计数据，填写《政府信息公开情况统计表》，向国务院办公厅政府信息公开办公室报送统计情况。垂直管理部门的全系统统计数据，由有关国务院主管部门办公厅（室）汇总报送，不列入地方政府统计范围。实行双重管理部门的统计数据，由同级人民政府办公厅（室）汇总报送。国务院各部门办公厅（室）报送本部门数据，其中垂直管理部门办公厅（室）应分别报送本部门数据和本系统的汇总数据。

三　统计和报送要求

（一）各省（自治区、直辖市）人民政府、国务院各部门要高度重视政府信息公开统计工作，将其作为编制政府信息公开年度报告、总结和推进政府信息公开工作的重要内容，认真组织实施。政府信息公开工作机构要切实履行职责，制定能够确保统计工作落实的工作机制和办法，保障统计工作持续开展。

（二）各省（自治区、直辖市）人民政府、国务院各部门办公厅（室）应于每年3月底前，将上一年度全年统计数据报送国务院办公厅政府信息公开办公室。《政府信息公开情况统计表》采用纸质文件和电子文件两种形式报送，电子文件采用Excel格式，刻成光盘随纸质文件一并报送。政府信息公开统计报送信息系统建成后，对报送时间及相关工作的要求另行通知。

（三）各地区、各部门办公厅（室）要采取逐级审查、抽查等方式，加强统计数据审核工作，确保填报的数据真实、准确、完整。统计行政复议、行政诉讼、举报投诉等情况，应与本级法制、监察部门及法院沟通确认，确保统计数据准确一致。国务院办公厅如发现报送的统计数据有误，将责成有关地方和部门予以纠正；对于因工作不负责任导致报送情况出现严重失实的，将予以通报。

附件：1. 政府信息公开情况统计表（样表）

2. 政府信息公开情况统计指标填报说明

国务院办公厅

2014年6月23日

（此件公开发布）

附件1 政府信息公开情况统计表（样表）

（ 年度）

填报单位（盖章）：

统 计 指 标	单位	统计数
一 主动公开情况	—	
（一）主动公开政府信息数 （不同渠道和方式公开相同信息计1条）	条	
其中：主动公开规范性文件数	条	
制发规范性文件总数	件	
（二）通过不同渠道和方式公开政府信息的情况	—	
1. 政府公报公开政府信息数	条	
2. 政府网站公开政府信息数	条	
3. 政务微博公开政府信息数	条	
4. 政务微信公开政府信息数	条	
5. 其他方式公开政府信息数	条	
二 回应解读情况	—	
（一）回应公众关注热点或重大舆情数 （不同方式回应同一热点或舆情计1次）	次	
（二）通过不同渠道和方式回应解读的情况	—	
1. 参加或举办新闻发布会总次数	次	
其中：主要负责同志参加新闻发布会次数	次	

续表

统　计　指　标	单位	统计数
2. 政府网站在线访谈次数	次	
其中：主要负责同志参加政府网站在线访谈次数	次	
3. 政策解读稿件发布数	篇	
4. 微博微信回应事件数	次	
5. 其他方式回应事件数	次	
三　依申请公开情况	—	
（一）收到申请数	件	
1. 当面申请数	件	
2. 传真申请数	件	
3. 网络申请数	件	
4. 信函申请数	件	
（二）申请办结数	件	
1. 按时办结数	件	
2. 延期办结数	件	
（三）申请答复数	件	
1. 属于已主动公开范围数	件	
2. 同意公开答复数	件	
3. 同意部分公开答复数	件	
4. 不同意公开答复数	件	
其中：涉及国家秘密	件	
涉及商业秘密	件	

续表

统 计 指 标	单位	统计数
涉及个人隐私	件	
危及国家安全、公共安全、经济安全和社会稳定	件	
不是《条例》所指政府信息	件	
法律法规规定的其他情形	件	
5. 不属于本行政机关公开数	件	
6. 申请信息不存在数	件	
7. 告知作出更改补充数	件	
8. 告知通过其他途径办理数	件	
四 行政复议数量	件	
（一）维持具体行政行为数	件	
（二）被依法纠错数	件	
（三）其他情形数	件	
五 行政诉讼数量	件	
（一）维持具体行政行为或者驳回原告诉讼请求数	件	
（二）被依法纠错数	件	
（三）其他情形数	件	
六 举报投诉数量	件	
七 依申请公开信息收取的费用	万元	
八 机构建设和保障经费情况	—	
（一）政府信息公开工作专门机构数	个	

续表

统　计　指　标	单位	统计数
（二）设置政府信息公开查阅点数	个	
（三）从事政府信息公开工作人员数	人	
1. 专职人员数（不包括政府公报及政府网站工作人员数）	人	
2. 兼职人员数	人	
（四）政府信息公开专项经费（不包括用于政府公报编辑管理及政府网站建设维护等方面的经费）	万元	
九　政府信息公开会议和培训情况	—	
（一）召开政府信息公开工作会议或专题会议数	次	
（二）举办各类培训班数	次	
（三）接受培训人员数	人次	

单位负责人：　　审核人：　　填报人：

联系电话：　　填报日期：

附件 2　政府信息公开情况统计指标填报说明

一　主动公开情况

1. 主动公开政府信息数：指按照《条例》规定，统计年度内主动公开的政府信息总条数。

主动公开政府信息数按条计算。凡公文类政府信息，1 件公文计为 1 条，部分内容公开的公文也计为 1 条。其他政府信息，1 份完整的信息（或其中部分公开的信息）计为 1 条。

主动公开政府信息数不重复计算。通过不同渠道和方式公开的同一条政府信息计为 1 条信息；部门联合发布的信息以牵头制作该信息的部门为填报单位；各单位转载、转发的信息不计入本单位统计数量。

2. 主动公开规范性文件数：指主动公开的规范性文件总条数。

3. 制发规范性文件总数：指制发规范性文件总件数，应为主动公开数和未主动公开数的合计数。

4. 政府公报公开政府信息数：指通过政府公报主动公开的政府信息总条数。

5. 政府网站公开政府信息数：指通过各级政府网站

主动公开的政府信息总条数。

6. 政务微博公开政府信息数：指通过官方政务微博主动公开的政府信息总条数。

7. 政务微信公开政府信息数：指通过官方政务微信主动公开的政府信息总条数。

8. 其他方式公开政府信息数：指通过报刊、广播、电视等其他方式主动公开的政府信息总条数。

二　回应解读情况

9. 回应公众关注热点或重大舆情数：指回应涉及本单位职责的公众关注热点或重大舆情的次数。

回应公众关注热点或重大舆情数不重复计算。以多种形式回应同一热点或舆情的计为 1 次回应；联合发布的回应情况以回应该热点或舆情的牵头负责单位为填报单位；各单位转载、转发的回应情况不计入本单位统计数量。

10. 参加或举办新闻发布会总次数：指为解读政策、回应社会关切、引导舆论而参加或举办的新闻发布会、媒体通气会等的总次数。

11. 主要负责同志参加新闻发布会次数：指本单位主要负责同志为解读政策、回应社会关切、引导舆论而参加各类新闻发布会、媒体通气会等的总次数。

12. 政府网站在线访谈次数：指本单位有关负责同志或新闻发言人为解读政策、回应社会关切、引导舆论在政府网站接受在线访谈的总次数。

13. 主要负责同志参加政府网站在线访谈次数：指本单位主要负责同志为解读政策、回应社会关切、引导舆论在政府网站接受在线访谈的总次数。

14. 政策解读稿件发布数：指通过政府网站、新闻发布会、媒体通气会以及报刊、广播、电视等方式发布政策解读稿件的总篇数。

15. 微博微信回应事件数：指通过官方政务微博、微信回应的热点事件总次数（同一事件多次回应计为1次）。

16. 其他方式回应事件数：指通过广播、电视、报刊等其他方式回应的热点事件总次数（同一事件多次回应计为1次）。

三　依申请公开情况

17. 收到申请数：指收到的政府信息公开申请总件数，申请应为书面形式或数据电文形式（应等于当面申请数、传真申请数、网络申请数、信函申请数4项之和）。

18. 当面申请数：指公民、法人或其他组织到承担政府信息公开事务的受理点提出申请的件数。

19. 传真申请数：指公民、法人或其他组织通过传真方式提出申请的件数。

20. 网络申请数：指公民、法人或其他组织通过网上提交申请方式提出申请的件数。

21. 信函申请数：指公民、法人或其他组织通过信函邮寄方式提出申请的件数。

22. 申请办结数：指对公民、法人或其他组织所提申请办结的总件数（应等于按时办结数和延期办结数2项之和）。

23. 按时办结数：指根据《条例》规定，自收到申请之日起15个工作日内予以答复的件数。

24. 延期办结数：指根据《条例》规定，在延长的15个工作日内予以答复的件数。

25. 申请答复数：指对公民、法人或其他组织所提申请的答复的总件数（应等于属于已主动公开范围数、同意公开答复数、同意部分公开答复数、不同意公开答复数、不属于本行政机关公开数、申请信息不存在数、告知作出更改补充数、告知通过其他途径办理数8项之和）。

26. 属于已主动公开范围数：指对公民、法人或其他组织申请公开的政府信息，属于已主动公开范围的，告知其获取该政府信息方式和途径的答复件数。

27. 同意公开答复数：指对公民、法人或其他组织申请公开的政府信息，作出同意公开的答复件数。

28. 同意部分公开答复数：指对公民、法人或其他组织申请公开的政府信息，作出同意部分公开的答复件数。

29. 不同意公开答复数：指对公民、法人或其他组织申请公开的政府信息，作出不同意公开的答复件数。

30. 涉及国家秘密：指对公民、法人或其他组织申请公开的政府信息，因涉及国家秘密而不同意公开的答复件数。

31. 涉及商业秘密：指对公民、法人或其他组织申请公开的政府信息，因涉及商业秘密而不同意公开的答复件数。

32. 涉及个人隐私：指对公民、法人或其他组织申请公开的政府信息，因涉及个人隐私而不同意公开的答复件数。

33. 危及国家安全、公共安全、经济安全和社会稳定：指对公民、法人或其他组织申请公开的政府信息，因危及国家安全、公共安全、经济安全和社会稳定而不同意公开的答复件数。

34. 不是《条例》所指政府信息：指对公民、法人或其他组织申请公开的政府信息，告知其不是《条例》所指政府信息的答复件数。

35. 法律法规规定的其他情形：指对公民、法人或其他组织申请公开的政府信息，因属于法律法规规定的其他情形而不同意公开的答复件数。

36. 不属于本行政机关公开数：指对公民、法人或其他组织申请公开的政府信息，告知其不属于本行政机关公开的答复件数。

37. 申请信息不存在数：指对公民、法人或其他组织申请公开的政府信息，告知其该政府信息不存在的答复件数。

38. 告知作出更改补充数：指对公民、法人或其他组织申请公开的政府信息，因申请内容不明确，告知其作出更改、补充的答复件数。

39. 告知通过其他途径办理数：指对公民、法人或其他组织申请公开的政府信息，告知其应通过咨询、信访、举报等其他途径办理的答复件数。

四　行政复议情况

40. 行政复议数量：指公民、法人或其他组织认为本单位在政府信息公开工作中的具体行政行为侵犯其合法权益，依法申请行政复议且被复议机关受理的件数(应为维持具体行政行为数、被依法纠错数、其他情形数3项之和)。

41. 维持具体行政行为数：指已办结的行政复议申请中维持原具体行政行为的件数。

42. 被依法纠错数：指已办结的行政复议申请中撤销、变更具体行政行为或确认具体行政行为违法、责令重新作出具体行政行为的件数。

43. 其他情形数：指行政复议申请中除已办结的维持具体行政行为数和被依法纠错数以外情形的件数。

五　行政诉讼情况

44. 行政诉讼数量：指公民、法人或其他组织认为本单位在政府信息公开工作中的具体行政行为侵犯其合法权益，依法提起行政诉讼且被法院受理的件数（应为维持具体行政行为或者驳回原告诉讼请求数、被依法纠错数、其他情形数3项之和）。

45. 维持具体行政行为或者驳回原告诉讼请求数：指法院判决维持原具体行政行为或者驳回原告诉讼请求的件数。

46. 被依法纠错数：指法院判决或裁定撤销、变更具体行政行为或确认具体行政行为违法、责令重新作出具体行政行为的件数。

47. 其他情形数：指除维持具体行政行为或者驳回原告诉讼请求数和被依法纠错数以外情形的件数。

六 举报投诉情况

48. 举报投诉数量：指本地区、本部门、本单位收到公民、法人或其他组织提出政府信息公开相关举报或投诉，且予以受理的件数。

七 依申请公开信息收取的费用

49. 依申请公开信息收取的费用：指依申请提供政府信息，收取的检索、复制、邮寄等费用总金额。

八 机构建设和保障经费情况

50. 政府信息公开工作专门机构数：指按照《条例》规定确定承担政府信息公开日常工作的专门机构个数。

51. 设置政府信息公开查阅点数：指按照《条例》要求设置的为公民、法人或其他组织提供政府信息公开查阅的场所总个数。

52. 从事政府信息公开工作人员数：指具体承担政府信息公开工作人员人数（应为专职人员数和兼职人员数2项之和）。

53. 专职人员数：指专门承担政府信息公开工作的工作人员人数（不包括政府公报及政府网站工作人员数）。

54. 兼职人员数：指在承担其他工作的同时承担政府信息公开工作的工作人员人数。

55. 政府信息公开专项经费：指行政机关为处理政府信息公开事务而纳入财政预算的专项经费（不包括用于政府公报编辑管理及政府网站建设维护等方面的经费）。

九　政府信息公开会议和培训情况

56. 召开政府信息公开工作会议或专题会议数：指召开涉及政府信息公开方面的工作会议或专题会议的次数。

57. 举办各类培训班数：指围绕政府信息公开业务举办的各类短期、中期、长期培训班次数。

58. 接受培训人员数：指到政府信息公开业务培训班接受培训的工作人员人次数。

除特别说明外，报表中如没有需填报的数据，则填“0”；涉及费用或经费的数据按“四舍五入”原则保留两位小数。

田禾，中国社会科学院法学研究所法治国情调研室主任、国家法治指数研究中心主任、研究员、《法治蓝皮书》主编、法治指数创新工程首席专家。研究方向：实证法学、司法制度。

吕艳滨，中国社会科学院法学研究所研究员、法治蓝皮书工作室主任、国家法治指数研究中心副主任、《法治蓝皮书》执行主编、法治指数创新工程执行专家。研究方向：行政法、信息法。